STORIE DI CAVALLI

vacanza a cavallo

Traduzione di Lucia Feoli

Seconda edizione, gennaio 2015

Titolo originale: *Tilly's Pony Tails – Lucky Chance the new foal*
Prima pubblicazione 2009, Orion Children's Books,
marchio di Orion Publishing Group Ltd. Londra
Nuova edizione 2012: Orion Children's Books

ISBN 978-88-477-3208-7
www.edizioniel.com

Pippa Funnell

vacanza a cavallo

Illustrazioni di Jennifer Miles

Edizioni EL

Per la mia figlioccia Isabelle Cook

Ciao!

Quando ero piccola anch'io, proprio come Tilly, andavo matta per pony e cavalli. Tutti i libri, i poster e i giocattoli che possedevo avevano a che fare con i miei amici a quattro zampe. Per mia fortuna, una cara amica della mamma ci prestò un piccolo pony dal mantello lanoso, di nome Pepsi. Lo tenevo in un recinto a casa della mia migliore amica e mi piaceva tanto stare con lui, ma pulire il suo ispido mantello invernale dal fango era un compito lungo e noioso. La notte, sognavo il giorno in cui avrei potuto permettermi un bel cavallo tosato e scattante, da tenere in un box pieno di coperte morbide e calde.
Ogni anno, i miei mi portavano allo *Horse of the Year Show* come regalo di compleanno, e le visite a Badminton e Burghley sono tra i ricordi piú vividi che ho dell'infanzia. Vedere i fantini piú

famosi del mondo che vi partecipavano mi ha dato l'ispirazione per inseguire i miei sogni. Da grande, ho avuto l'opportunità di montare dei cavalli straordinari, ognuno dei quali occupa un posto speciale nel mio cuore. È grazie a loro che ho potuto realizzare quei sogni e vincere tante competizioni d'altissimo livello. Monto ancora ogni giorno, per tutto il giorno, respiro con i cavalli, dormo con i cavalli, vivo con loro: ed è una vita che amo.
Per facilitare la lettura a chi non è pratico quanto me di equitazione, ho cercato di includere nei libri parte delle cose che ho imparato. In fondo al volume troverete un glossario con le parole meno conosciute. Spero che le avventure di Tilly vi piaceranno, come a me è piaciuto creare una ragazza che vive le sue passioni. E spero che Tilly ispirerà molte lettrici a inseguire i loro sogni.

Con affetto

UNO

Le vacanze di Pasqua erano quasi finite, il che, per Tilly Redbrow e le sue amiche di Silver Shoe Farm, significava soltanto una cosa: il conto alla rovescia per il campo estivo del Pony Club era cominciato! Tilly ci teneva a fare piú pratica possibile in vista del suo primo campo estivo e aveva chiesto ad Angela, la sua istruttrice e proprietaria di Silver Shoe Farm, di darle qualche lezione in piú. Quella sera erano concentrate sul galoppo. Angela

le stava ricordando come usare le gambe e la voce per dare istruzioni a Rosie, la cavallina roana fragola che Tilly divideva con Mia.

– Ti vedo piú sicura, Tilly, – gridò.

– Continua a spronarla con le gambe, e cerca di resistere alla tentazione di tirare le redini. Tieni le braccia piú morbide.

Tilly rilassò le braccia e strinse dolcemente i polpacci.

– Su, Rosie, – la incitò.

– Forza, bella.

Rosie seguí le sue istruzioni senza esitare e, sotto

lo sguardo attento di Angela, Tilly completò due giri del maneggio.
– Brava, cosí! Raddrizza un po' la schiena. Tieni le spalle indietro e non rilassare troppo il sedere!
Tilly si raddrizzò subito, ma poi scorse Mia che gesticolava come una matta dalla staccionata e perse la concentrazione.
– Ehi, ragazze! Venite subito. Duncan ha detto che Lulabelle sta per partorire!
La notizia era particolarmente emozionante poiché qualche tempo prima il veterinario aveva detto che era improbabile che Lulabelle potesse avere un piccolo. Era una cavalla di razza gallese arrivata due anni prima a Silver Shoe Farm grazie all'organizzazione benefica World Horse Welfare, che si occupava di salvare e riabilitare cavalli abbandonati. Era la piú malconcia di un gruppo di cinque cavalli che Angela aveva trovato in terribili

condizioni in una fattoria isolata. Lulabelle non era il primo animale che Angela accoglieva nella scuderia, e senza dubbio non sarebbe stato l'ultimo.

– Meglio che vada a vedere cosa succede, – disse Angela. – Voi due, perché non riportate Rosie nella scuderia e poi ci raggiungete? Spero che il veterinario sia già per strada.

Tilly balzò giú di sella e condusse Rosie attraverso il cancello.

– Mi sembra incredibile che stia succedendo, – disse Mia incamminandosi al loro fianco, senza fiato per l'emozione. – Un nuovo puledro, qui, a Silver Shoe Farm!

– Cos'è successo finora? – chiese Tilly, curiosa.

– È da ventiquattro ore che Duncan la controlla ogni mezz'ora. Sembra molto stanco. Ha detto che secondo lui stava per partorire perché produceva molto latte e si rifiutava di stare vicino agli altri cavalli. Sono nel capannone sul retro, dove si sta belli tranquilli.

Tilly guardò l'orologio.

– Accipicchia, sono quasi le sette. Mio padre viene a prendermi tra dieci minuti.

– Chiamalo e digli che è impossibile! – disse Mia. – Dovrà venire piú tardi.

Tilly gli telefonò subito e lo supplicò di lasciarla restare per poter assistere al parto. Suo padre era preoccupato per i compiti e temeva che, facendo tardi quella sera, Tilly fosse troppo stanca per tornare a scuola il mattino seguente.

– Ma qui *è* come essere a scuola, papà, – spiegò Tilly. – È istruttivo!

Alla fine, suo padre acconsentí.

– Per fortuna! – disse Tilly.

Le ragazze sapevano che dovevano fare silenzio mentre si avvicinavano al capannone.
Duncan e Angela erano fermi sulla porta.
– Allora, dov'è il puledro? – bisbigliò Mia, impaziente.
– Non le si sono ancora rotte le acque, – spiegò Duncan. – Ma succederà presto. Di solito, le cavalle partoriscono tra le dieci di sera e le quattro del mattino, dunque potrebbe essere una lunga nottata. Se voi ragazze volete rendervi utili, un thermos di tè sarebbe perfetto...
Tilly e Mia si incamminarono verso la sala comune. Prepararono tè in abbondanza per tutti e lo versarono in un thermos.
– Secondo te sarà un maschietto o una femminuccia? – chiese Mia, aprendo un pacco di biscotti.
– Mmmm... credo che sarà una femmina, –

disse Tilly. – Non so perché, ho come una premonizione.

– Vedremo. Stanno succedendo cosí tante cose... un puledro per Pasqua, e poi il campo estivo durante le prossime vacanze. Anche tu non vedi l'ora?

– Già.

– Sarà fantastico. Passeremo la settimana con Cally... e porterà Caramel. Sarà divertentissimo!

Al solo pensiero, a Tilly venivano i crampi allo stomaco per l'emozione. Anche lei non vedeva l'ora di rivedere Cally. Qualche tempo prima la ragazza aveva frequentato Silver Shoe Farm, ma poi si era trasferita a Cavendish Hall, l'esclusivo collegio vicino a North Cosford. Il campo estivo avrebbe riunito le tre amiche.

– Andiamo a vedere come sta Lulabelle, – propose Mia.

Le ragazze portarono il thermos e i biscotti nel capannone. Mentre si avvicinavano, Duncan fece loro cenno di raggiungerlo e sussurrò:

– Le si è appena staccata la placenta!

– Oh, no! – esclamò Mia, allarmata.

– Tranquilla, è una cosa positiva, – disse

Duncan. – Deve succedere. Significa che il travaglio è iniziato. Venite a vedere.

Con un brivido d'aspettativa, Tilly si avvicinò alla porta del capannone e guardò dentro.

Lulabelle era distesa sul fianco, su un giaciglio di paglia. L'aria all'interno sembrava perfettamente calma e immobile, come se stesse per succedere qualcosa di magico. Lulabelle non pareva infastidita che la stessero guardando. Anzi, sembrava quasi non accorgersi della loro presenza. Appariva tranquilla. Tilly pensò che forse stava pensando al momento in cui avrebbe incontrato il suo piccolo. Nient'altro importava.

– Dobbiamo fare qualcosa? – chiese.

– Non interferiremo, se possiamo evitarlo, – disse Angela. – Speriamo che la natura faccia il suo corso, e che Belle possa partorire il suo puledro

da sola. In ogni caso, il veterinario non è lontano, se avremo bisogno di lui.
Venti minuti piú tardi, Lulabelle cominciò a spingere. Emise un gemito, e contemporaneamente, apparve un lucido, sottile sacco bianco al cui interno si intravedeva il puledro. Per prime uscirono le zampe anteriori, una leggermente avanti all'altra, poi, a poco a poco, sbucarono il naso e la testa.
Tilly osservava la scena a bocca aperta: non aveva mai visto una cosa simile!
Dopo un breve momento di riposo, Lulabelle riprese a spingere e uscirono le spalle e il corpo, seguiti dai fianchi e dalle zampe posteriori. Il puledro era finalmente venuto al mondo! Riposò accanto alla madre per una quindicina di minuti, durante i quali nessuno fiatò: tutti si limitarono a contemplarlo estasiati.
Alla fine, Lulabelle si alzò, rompendo

il cordone ombelicale, e anche se uscí un po' di sangue, Duncan assicurò alle ragazze che era perfettamente normale. Dopo una serie di maldestri tentativi, il nuovo nato si alzò in piedi. Tilly non poteva credere alla rapidità con cui il piccolo era riuscito a drizzarsi sulle zampe.

A quel punto, Duncan entrò nel capannone e applicò un po' di tintura di iodio sul pancino del puledro

per evitare le infezioni, poi lo girò verso la madre per incoraggiarlo a nutrirsi.
– Credo che sia una puledrina! – disse orgoglioso.
Tilly osservava la creatura inerme: aveva le zampe deboli e arcuate e il corpo magro. Riusciva a malapena a tenersi in piedi: era strano pensare che un giorno sarebbe diventata grande e forte come Magic Spirit.
– Come la chiamiamo? – chiese Angela.
Tilly ci pensò su. Sapeva che Lulabelle era stata fortunata a essere accolta a Silver Shoe Farm e a riprendersi completamente dallo stato di abbandono. Ed era stata una fortuna che Angela stesse addestrando uno stallone proprio nel periodo fertile di Lulabelle.
– Lucky: vuol dire fortunata! – propose con entusiasmo.
– È perfetto! – esclamò Angela, e tutti furono d'accordo.

Due

Lucky era sempre nei pensieri di Tilly, cosa che fece passare in modo piacevolmente rapido l'attesa del campo estivo. Ogni pomeriggio, dopo la scuola, andava alla scuderia per vedere i suoi progressi. In breve tempo, Lucky cambiò moltissimo. Il suo mantello si asciugò e la criniera lanuginosa le si drizzò sulla testa. Stava sempre vicino a Lulabelle e, per quanto crescesse ogni giorno di piú, accanto a lei sembrava piccolissima. Tilly adorava le forme aggraziate della puledrina, con il corpo e la testa che sembravano troppo grandi per le lunghe zampe malferme, da cui le ginocchia sporgevano come palle da tennis.

Con il passare delle settimane, il tempo migliorò e le serate si fecero piú chiare. La vita a Silver Shoe Farm continuava a essere movimentata, come sempre. Il cortile della scuderia ferveva delle consuete attività: i cavalli venivano strigliati e nutriti e, mentre lavoravano, le ragazze non facevano che parlare dell'imminente campo estivo.

Il mese di giugno era ideale per fare lunghe passeggiate serali. Tilly usciva spesso a cavallo insieme a Mia

esplorando piste e sentieri intorno alla scuderia. Ma ogni volta che ne aveva l'occasione, andava nel recinto a vedere Lucky. Grazie al clima piú mite, la piccola poteva passare piú tempo a pascolare all'aperto. Il movimento favoriva il suo sviluppo, ed era divertente vederla correre dietro alla mamma.
Tilly non voleva che Rosie e Magic Spirit si sentissero trascurati, e faceva il possibile per stare anche con loro. Le settimane volarono, e in un batter d'occhio si avvicinò il giorno della partenza per il campo estivo. Venerdí, la sera prima, Tilly preparò Magic Spirit per l'addestramento con Duncan. Mentre lo strigliava, gli raccontò dei progressi di Lucky.
– È straordinario, Magic. Quella minuscola creatura appena nata è diventata una bella puledra, sicura di sé. Se ne va in giro per il recinto e fa amicizia con le altre cavalle.

Chissà, forse un giorno diventerà una campionessa... tu che ne pensi?

Magic alzò la testa e drizzò le orecchie.

– Era un sí o un no? Be', non importa! Mentre sarò al campo estivo, dovrai prenderti cura tu di Lucky. È l'ultima arrivata, allora dovrai assicurarti che stia bene e che non le capiti niente di brutto. Sarai un bravissimo papà adottivo. Lei è cosí piccola, e tu sei cosí grande. Mi fido di te, Magic.

Magic si girò e le diede una spinta affettuosa con il naso. Tilly la prese come una risposta affermativa. Amava chiacchierare con lui di ogni sorta di argomenti. Se aveva un problema o una preoccupazione, era il primo a saperlo. Se aveva qualche notizia o storia divertente, mentre lo strigliava la condivideva sempre con lui. In un certo senso, era il suo migliore amico.

– Okay, – disse, dandogli una pacca sul collo. – È ora di raggiungere Duncan. Ha detto che oggi ti allenerai nelle transizioni.

Tilly attaccò una longhina alla cavezza di Magic, lo condusse attraverso il cortile e lo legò nel box, pronto per essere sellato. Pensò a quanti progressi aveva fatto dal suo arrivo a Silver Shoe Farm, dopo che l'avevano trovato per la strada, in condizioni pessime, denutrito e coperto di ferite. Ci erano volute cure assidue e molta pazienza per rimetterlo in sesto. Poi, qualche mese prima, Magic Spirit aveva avuto una colica, facendo prendere un terribile spavento a tutti. Il veterinario non era sicuro che ce l'avrebbe fatta, ma grazie alle attenzioni di Tilly era guarito completamente. E adesso che era domato e abituato a correre con la longhina, prima o poi sarebbe stato pronto per farsi montare da Tilly. Era un pensiero emozionante. Con la sua muscolatura tonica e il mantello lucente, sembrava proprio un campione, il tipo di cavallo che poteva arrivare molto in alto. Tilly non vedeva l'ora di montarlo: sarebbe stata la realizzazione di un sogno! Tuttavia, sapeva che doveva avere pazienza. Duncan e Angela non gliel'avrebbero mai permesso finché non fossero stati sicuri che non avrebbe corso alcun rischio.

Duncan arrivò, portando una sella e una briglia con il morso snodato.

– Mettiamogli queste, – disse.

Tilly lo aiutò a posizionare la sella sul dorso di Magic e a fissarla bene, poi Duncan sistemò la briglia.

Quando Magic fu bardato, Duncan montò in sella e lo condusse verso il maneggio all'aperto. Mentre camminavano, Duncan continuava a cambiare direzione e a fargli fare piccoli cerchi e volte per migliorare la manovrabilità. Di quando in quando,

gli ordinava di fermarsi usando la voce, oltre ad altri comandi.
– Voglio che impari a fermarsi dolcemente, – spiegò a Tilly. – Se tiro troppo le redini mentre stringo le gambe mi resisterà, dunque devo essere svelto ad allentarle e ridurre la pressione sulla sella, subito dopo avergli dato l'ordine di arrestarsi.
Magic fu svelto a capire quello che gli chiedeva Duncan. Non fu la fermata piú elegante del mondo, ma Tilly ne restò colpita. La colpirono anche la tranquillità e la pazienza di Duncan.
– Sembra quasi che tu non faccia niente, – osservò.
– Stabile in sella e morbido con le mani... questo è l'approccio migliore, – disse Duncan. – A volte, si vedono cavalieri che fermano il cavallo strattonando le redini e strappandogli quasi il morso dalla bocca.

Ma se un cavallo è bene addestrato, imparerà a rispondere a comandi molto leggeri e pacati, sarà sufficiente dire: «ooh». Non c'è bisogno di tirare con violenza. Guarda...

Duncan eseguí di nuovo l'esercizio, e questa volta Magic fu piú rapido nell'ubbidire. Lo ripeterono piú volte, e alla fine Magic imparò a fermarsi in modo preciso ed elegante, come se avesse già anni di esperienza.

– Bravissimo! – gridò Tilly, orgogliosa. Le piaceva molto assistere a quegli allenamenti perché le permettevano di apprendere tante cose sull'arte di addestrare i cavalli. Aveva una gran fame di imparare, e Silver Shoe Farm era il posto ideale per farlo.

Mentre Tilly si preparava per tornare a casa, la raggiunse Angela.

– Prima che tu vada, – disse, – ti

dispiacerebbe spostare Lucky e Belle nel recinto piccolo?

– Nessun problema, – disse Tilly, contenta di darle una mano.

Trovò madre e figlia che pascolavano insieme all'ombra. Mise la cavezza a Belle e, non appena cominciò a condurla verso il cancello, Lucky la seguí.

– Presto avrai anche tu la tua cavezza, – le disse Tilly mentre entravano nel recinto vicino. – Cresci cosí rapidamente. Mi mancherai tantissimo quando sarò al campo estivo.

TRE

La sera prima di partire, Tilly si sedette in camera sua e cominciò a fare i bagagli. Dispose ogni cosa sul copriletto e scrisse un sms a Cally e Mia per assicurarsi di avere tutto ciò che le serviva:

CIAO. SECONDO TE QNT PANTALONI
DA EQUITAZIONE DEVO PORTARMI? BACI T.

Cally le rispose immediatamente:

TUTTI QUELLI CHE HAI! BACI

Tilly guardò la sua collezione. In tutto ne aveva tre paia: quelli che le aveva dato

Cally quando aveva cominciato a frequentare Silver Shoe Farm, quelli in stoffa jeans che le avevano regalato i genitori per il suo compleanno e un nuovo paio in finto camoscio beige che le aveva comprato zia Jackie in occasione del suo primo campo estivo con il Pony Club.

All'improvviso, sua madre comparve sulla soglia.

– Volevo solo controllare che non avessi dimenticato nulla, – disse sorridendo. Entrò e si sedette sul letto. – Guarda quanta roba! Spero che la tua borsa sia abbastanza grande. Sei emozionata?

Tilly annuí.

– È la prima volta che vai in vacanza da sola, Tilly. Ormai sei grande. Sono sicura che ti divertirai un mondo!

Tilly le si sedette accanto e la abbracciò. Tutto a un tratto, si sentí un po' come

Lucky, che voleva seguire la sua mamma dappertutto. Era stata talmente occupata a pensare a cosa portarsi dietro e a cosa avrebbe fatto una volta arrivata, che aveva dimenticato che sarebbe stata lontana dai suoi genitori per un'intera settimana.

– Sarà una grande avventura, – disse la mamma, accarezzandole i capelli. – È normale che ti senta un po' nervosa. Ma con te ci saranno Cally e Mia. E poi potrai sempre telefonarci, okay?

– Grazie, mamma.

Tilly sorrise. Si immaginò sfilare in groppa a Rosie nel cortile della scuderia. Ci sarebbero stati un sacco di giochi e attività. Avrebbero dormito tutte insieme in dormitorio, e Mia le aveva detto che ogni sera avrebbero organizzato un pigiama party.

– Prima che tu vada, – disse sua madre, lentamente, – voglio darti una cosa.

Si infilò una mano in tasca e tirò fuori una fotografia sgualcita, che porse a Tilly. Ritraeva una giovane donna dai lunghi capelli scuri in piedi vicino a un magnifico cavallo nero. Indossava stivali da cowboy e una giacca con le frange.

Sembrava un'indiana d'America.

– Chi è? – domandò Tilly.

– Ehm... questa è la tua madre naturale.

Tilly restò senza fiato.

– L'assistente sociale dell'istituto per l'infanzia ce l'ha data insieme al tuo bracciale di crini di cavallo quando ti abbiamo adottata. Ora sei abbastanza grande per averla, e credo che dovresti tenerla tu.

Tilly aveva sempre saputo di essere stata adottata. Fissò la foto, sbalordita. Alla fine riuscí a parlare.

– M-mi assomiglia moltissimo.

– Già. Hai i suoi occhi e i suoi capelli, – disse sua madre. – E guarda il cavallo. Tutti a Silver Shoe Farm non fanno che parlare della tua straordinaria predisposizione a comunicare con i cavalli, e adesso che stai per partire per il tuo primo campo estivo con il Pony Club, ho pensato che dovevi vederla. A quanto pare, tu e la tua mamma naturale avete entrambe un talento speciale per i cavalli.

– È meraviglioso, – disse Tilly. – Ora si spiega tutto, vero? Il motivo per cui amo cosí tanto i cavalli è che la mia mamma naturale li adorava.

– Credo che tu abbia ragione, – disse sua madre, dandole un bacio sulla testa. – Sono cosí orgogliosa di te, Tilly.

– E io sono orgogliosa di essere una Redbrow. Sei la mamma migliore del mondo!

Quella notte, Tilly giaceva a letto sveglia. Tutto era pronto, e la sua valigia sembrava

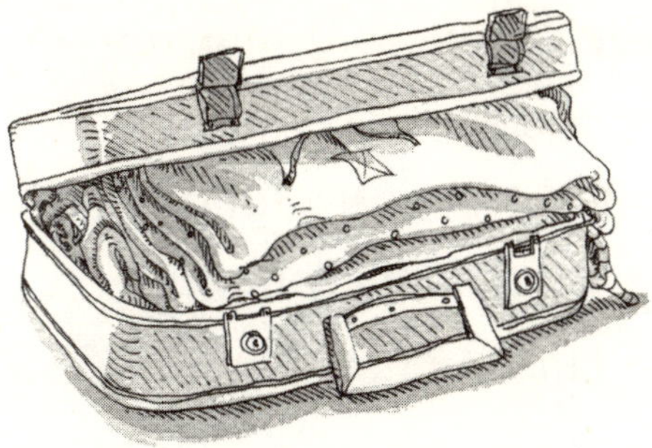

sul punto di esplodere. Stavano succedendo così tante cose: l'arrivo di Lucky, il campo estivo, la fotografia della sua madre naturale... non c'era da stupirsi che non riuscisse a prendere sonno. La luce della luna filtrava attraverso le tende. Per fortuna, la nottata era fresca. Tilly pensò a Magic Spirit e a Rosie, comodi nei loro box. E a Lucky, che dormiva vicino alla sua mamma. Poi il telefono vibrò. Era un messaggio di Mia.

6 SVEGLIA? NON RIESCO A DORMIRE.
TROPPO ECCITATA!

Tilly si alzò a sedere e rispose:

ANCH'IO. HO UN SACCO DI COSE
DA RACCONTARTI!
CHISSÀ COME STA ROSIE?

Qualche secondo piú tardi, Mia rispose:

SCOMMETTO CHE ANCHE LEI
È EMOZIONATA!

Tilly posò il cellulare e scese dal letto, si avvicinò alla valigia e la aprí. Sopra tutto c'era la vecchia foto sgualcita. La prese in mano e la fissò. Subito, la sua mente fu investita da una marea di domande. Come si chiamava la sua madre naturale? Quanti anni aveva in quella foto? Perché portava gli stivali da cowboy e quella giacca con le frange? Da dove veniva il cavallo? Era uno splendido animale, alto e possente.

Sembrava quasi uno stallone selvaggio. E cosa aveva intorno al polso? Sembrava un braccialetto, ma era difficile da distinguere. Forse era quello con cui l'avevano trovata? Tilly se lo rigirò tra le dita e si chiese se i crini appartenevano al cavallo della foto. Lo portava insieme a quello che la sua mamma adottiva le aveva fatto con i peli della coda di Magic Spirit. Era come se il passato si intrecciasse con il presente. Non vedeva l'ora di raccontare tutto a Cally e Mia. Ma naturalmente, c'era un unico modo per far passare in fretta le ore di attesa. Tornò a letto, si sdraiò, chiuse gli occhi e, pensando a Magic e a Lucky, fece del suo meglio per addormentarsi.

QUATTRO

– Eccolo che arriva! – esclamò Mia mentre il pullman del Pony Club svoltava nel vialetto. Tutti ci si accalcarono intorno, impazienti di salire. Tilly e Mia erano con Cally, che aveva promesso che per quella settimana sarebbe stata membro onorario di Silver Shoe. Era cosí bello per loro essere di nuovo insieme!
Tilly diede un bacio ai suoi genitori e abbracciò il fratello, Adam. Scruff, il suo cagnolino, la guardò scodinzolando e Tilly abbracciò anche lui. Le ragazze sistemarono le valigie nel vano bagagli e salirono a bordo. Riuscirono ad accaparrarsi tre sedili in fondo, che a detta di Mia erano i migliori.

– Secondo voi quanti siamo? – chiese Tilly, guardando le file di teste davanti a loro.
– Ho sentito qualcuno dire che siamo una quarantina, – rispose Cally.
– Sono tutti membri del Pony Club di Cosford. Ne conosco molti di Cavendish Hall, – aggiunse Cally.
– Forte! – disse Tilly. – Scommetto che hanno dei cavalli bellissimi!
– Niente di speciale, – disse Cally,

scrollando le spalle. – Dài, vi presento qualcuno.
Chiamò due ragazze bionde sedute qualche fila davanti a loro.
– Eleanor! Jessica! Ehi!
Le due si girarono, si inginocchiarono sui sedili e sorrisero.
– Ciao, Cally! Come va? Come sta Caramel?
– Benissimo, – rispose Cally. – Viene anche lui al campo. Tu monti ancora Curby?
– Sí. Hai sentito? Sabato ha vinto le finali regionali. E il pony di Jessica, Nightshade, è arrivato secondo.
Jessica, la piú alta delle due, sorrise orgogliosa.
– Complimenti, – disse Cally.
– Grazie! Dormirete nella stessa stanza?
– Sí. Forse possiamo chiederne una grande insieme. Queste sono le mie

amiche Mia e Tilly, – disse Cally.
– Tilly si è iscritta da poco al Pony Club. È il suo primo campo estivo.
Tilly le salutò con la mano e sorrise timidamente.
– Ciao, Tilly. Che bei capelli! Sono cosí lunghi!
– Fino alla schiena! – disse Tilly.
– Wow! Anche a me piacerebbe farli crescere cosí, – disse Eleanor.
Tilly era contenta che Eleanor e Jessica sembrassero cosí simpatiche. Non vedeva l'ora di conoscere i loro pony da competizione.

Finalmente il pullman partí. Tilly, Mia e Cally salutarono con la mano i loro genitori, ma erano troppo eccitate per sentirsi tristi a lasciarli. Gli organizzatori,

Bob e Margaret, diedero il benvenuto a tutti all'altoparlante, al che l'intero pullman applaudí, anche se poi si levò un brontolio quando Bob annunciò che i cellulari non erano consentiti.

– Bob e Margaret sono molto simpatici, – sussurrò Cally. – Ma fai attenzione, perché Bob è davvero pignolo nel controllare la pulizia dei finimenti e la strigliatura. L'anno scorso non la smetteva mai di sgridare Mia. Ogni squadra può guadagnare dei punti per la cura e la pulizia dei cavalli.

Il viaggio durò piú di un'ora. Durante il tragitto, cantarono canzoni pop e spettegolarono su chi avrebbe diviso la stanza con chi.

– Quanti ragazzi ci sono? – domandò Tilly.

– Io ne ho contati quattro, – disse Cally. – Ci sono i gemelli... te li ricordi, quelli dell'anno scorso? E un ragazzo nuovo in prima fila. Sembra un po' spaurito.

– Non lo saresti anche tu, se fossi circondato da centinaia di ragazze fanatiche di pony? – ridacchiò Mia. – Ehi... pensi che *chi-sai-tu* sia qui? – chiese, strizzando l'occhio.

– Intendi... – annuí Cally, – ... *lui*?

– Lui chi? – domandò Tilly.

– Brook Ashton-Smith! – rispose Mia, roteando gli occhi. – Ricordi, l'abbiamo conosciuto quando abbiamo visitato Cavendish Hall con Cally. Suonava la batteria e aveva quel magnifico cavallo...

– Ti riferisci a Solo? – disse Tilly.

– Il purosangue nero?

Ricordava molto bene quell'incontro. Aveva usato il suo dono speciale per aiutare Brook a risolvere un problema di Solo nel salto a ostacoli. Non vedeva l'ora di parlare di nuovo con lui e chiedergli come stava il cavallo.

– Brook è cosí bello! – aggiunse Mia.
– Peccato che sia piú grande di noi, – disse Cally. – Deve avere almeno sedici anni, quindi sarà nel gruppo dei senior. Viene al campo estivo ogni anno. Guardate, è lí...
Cally indicò un gruppetto di teste nella prima fila del pullman. Erano in sei o sette e chiacchieravano animatamente. Tilly riconobbe subito Brook. Aveva i capelli neri e la pelle olivastra, e quando sorrideva gli si illuminava tutto il viso.
– Andremo a salutarlo piú tardi, – disse Mia.

Finalmente il pullman arrivò a Barton House, un enorme centro per l'addestramento dei cavalli vicino a un fiume. L'edificio principale era una specie di castello di pietra grigia e aveva un aspetto inquietante.

– Dicono che i dormitori siano infestati dai fantasmi, – disse Jessica.

Per fortuna, i dintorni erano piú allegri. C'era perfino una piscina, che si poteva usare la sera.

Quando tutti furono scesi dal pullman si avviarono verso i depositi del foraggio e dei finimenti e verso le scuderie. Ogni attrezzatura aveva il suo posto, ma fu difficile organizzare i bagagli piú pesanti, come sacchi di mangime, selle e valigie. I cavalli sarebbero arrivati soltanto piú tardi, cosí tutti ebbero il tempo di sistemarsi nelle camere dell'edificio principale. Tilly e le sue amiche si incamminarono lungo un corridoio scuro, finché arrivarono a una porta con su scritti i loro nomi.

– Fantastico! – disse Mia. – Ci hanno messe insieme, con Eleanor e Jessica... e una certa Sabrina.

Eleanor e Jessica le seguivano trascinando le loro pesanti valigie.

Entrarono tutte nella stanza.

Era nuda e fredda, con tre letti a castello e un lavandino incrinato.

– Bleah! Che strano odore! – gemette Eleanor.
– Non è proprio di lusso! – disse Mia.
– Be', sapete cosa dice sempre Margaret, – disse Cally con un sorriso.
– Il comfort del vostro pony è piú importante del vostro! – intonarono in coro le ragazze.
– Purché ci divertiamo, – disse Tilly scrollando le spalle, – non mi importa dove dormiamo.
– Chissà dov'è Sabrina, – disse Mia.
– Qualcuno la conosce?
– Sí, frequenta il nostro anno a Cavendish Hall, – disse Jessica. – È simpatica, ma è un po'... schizzinosa. La stanza non le piacerà di certo.
Mentre terminava la frase, la porta si spalancò e una ragazza alta, con il lucidalabbra e le *extension* ai capelli, si fermò sulla soglia e gridò stizzita:

– È inammissibile! Se pensano che io passi una sola notte in questa *topaia*, si sbagliano di grosso! Possono scordarselo! Ora telefono a mio padre!

Tirò fuori il cellulare e cominciò a pigiare con foga sui tasti.

– Oh-oh... ricorda cos'ha detto Bob, – ridacchiò Mia. – Niente telefonini!

Nel frattempo, Jessica e le altre si scambiarono un sorriso eloquente e cominciarono a disfare i bagagli.

CINQUE

I cavalli arrivarono poco dopo le tre, ma prima di farli scendere dai rimorchi, le ragazze dovettero preparare i box spargendo la lettiera e assicurandosi che avessero a disposizione acqua e fieno.

– Non vedo l'ora di riabbracciare Caramel, – disse Cally, legando una rete di fieno. – È cosí eccitato quando si trova in un posto nuovo. E Rosie, mi è mancata tantissimo. Guarda... porto ancora il braccialetto che mi hai fatto.

Cally alzò il polso e lo mostrò a Tilly.
– Ehi! – disse Mia. – Bel bracciale, Cally. Ce l'avete uguale... Silver Shoe Farm per sempre!

– Per sempre! – convenne Cally.
– Anch'io sono impaziente di rivedere Rosie, – disse Tilly, pensando che al piú presto avrebbe intrecciato un braccialetto anche per Mia. – Ho portato le sue caramelle preferite.

Estrasse dalla tasca una manciata di mentine.

– Se le merita, dopo un viaggio cosí lungo.

Quando i box furono pronti, i partecipanti al campo estivo si radunarono in cortile, dove erano

parcheggiati i rimorchi. Tutti fremevano dall'impazienza di rivedere i loro cavalli e pony. Tilly osservava ammirata gli animali scendere dai rimorchi e raggiungere i loro proprietari. C'erano cavalli bellissimi, dai mantelli di vari colori. Alcuni, molto atletici,

sembravano campioni di completo o salto a ostacoli. Accanto a loro, Rosie sembrava un po' trasandata.

– Che cavallo eccezionale! – esclamò una voce dietro a Tilly. – Che presenza... si distingue da tutti gli altri!

Era Bob. Stava ammirando un grande purosangue nero con due possenti zampe posteriori e un'elegante criniera. Tilly lo riconobbe immediatamente.

– Quello è Solo, – bisbigliò a Cally.

– Dicono che suo padre sia un super campione. Non è magnifico?

– Non quanto il suo proprietario, – ridacchiò Mia, che aveva sentito la conversazione.

Alla fine, furono chiamate Tilly e Mia, e Rosie fu fatta scendere dal suo rimorchio. Aveva l'aria stanca, ma pareva contenta di trovarsi di nuovo all'aperto. La salutarono e le diedero una mentina,

poi la condussero attraverso il cortile verso la scuderia. Avevano concordato che l'avrebbe montata quasi sempre Tilly, mentre Mia, che era piú esperta, avrebbe preso in prestito un pony dagli organizzatori del campo estivo.
– Benvenuta nella tua casa di vacanza, – disse Tilly togliendole i parastinchi da viaggio e la coperta, e assicurandosi che stesse comoda. Lungo il corridoio della scuderia, sentí altri ragazzi e ragazze che sussurravano parole simili ai loro cavalli.
Quando gli animali furono sistemati, gli allievi si avviarono verso la sala riunioni per essere informati sulle attività della settimana e per conoscere gli istruttori.
– Avrete l'occasione di prendere lezioni di base e di perfezionamento nel dressage, nella corsa campestre e nel salto a

ostacoli, e farete giochi a cavallo, escursioni e molte altre attività ancora, – spiegò Margaret.

– Non aspettatevi che sia una passeggiata, – li avvertí Bob. – Come molti di voi già sanno, il campo estivo del Pony Club è divertente, ma si lavora sodo. Sarete responsabili dei vostri cavalli per tutta la settimana, il che significa che vi occuperete della pulizia dei box, del foraggio e della strigliatura. E dopo le lezioni di equitazione, tutti a pulire i finimenti con me. Ve l'assicuro, non batterete la fiacca! Ora vi divideremo in gruppi, dunque fate attenzione a quando chiameremo il vostro nome.

Tutti attesero con pazienza di scoprire a che gruppo appartenevano.

Brook e i ragazzi piú grandi erano tutti insieme nella squadra dei senior.

Tilly apprese con piacere che il suo team era composto dalle sue compagne di stanza.

Le sei ragazze furono presentate alla loro istruttrice.

– Ciao, io sono Naomi, – disse la giovane donna. – Questo è il mio terzo anno come istruttrice a Barton House. Se c'è qualcosa che desiderate sapere, chiedetemelo pure. La sveglia è alle sette, cosí potrete ripulire i box e dar da mangiare ai pony prima di fare colazione.

– Ooh, questo l'avevo dimenticato, – gemette Mia.

– Dove posso trovare un cuscino piú soffice? – chiese Sabrina. – Quello che mi hanno dato è tutto a grumi.

– Uhm, sono certa che ti ci abituerai, – rispose seccamente Naomi.

Sabrina si appoggiò allo schienale della sedia, imbronciata.

– Quanto spesso cavalcheremo? – chiese Tilly.

– Due volte al giorno: una sessione al mattino e una al pomeriggio. Parteciperete a lezioni tradizionali, ma anche a giochi e gare: ci sono un sacco di attività divertenti che si possono fare all'aperto con i cavalli.

Tilly sorrise. Non poteva credere che avrebbe cavalcato due volte al giorno per un'intera settimana.

Quando la riunione finí, era ora di cena. Mentre le ragazze attraversavano il cortile dirette all'edificio principale, furono affiancate da alcuni ragazzi piú grandi.

– Ciao, Brook, – dissero Cally e Mia.

Brook le guardò e sorrise.

– Oh, ciao ragazze! Come va? Sono contento che siate venute al campo estivo. Ehilà, Tilly, mi era sembrato che fossi tu.

Le rivolse un sorriso luminoso, e Cally e Mia si diedero di gomito.

La cena fu servita nella sala da pranzo: lasagne e bruschetta, seguite da un rotolo alla marmellata e crema pasticciera. Tilly trovava tutto molto gustoso, ma era quasi troppo stanca per riuscire a mangiare.

Dopo cena, le ragazze salirono in camera. Tilly acconsentí a dividere il letto a castello con Sabrina, e disse che non le dispiaceva dormire in alto.

– Grazie, Tilly, – disse Sabrina. – Non sopporto l'altezza, soffro di vertigini.

– Allora come fai a stare in groppa a un cavallo? – sbottò Mia.

– Quello è *diverso*.

Alla fine, le ragazze si infilarono nei sacchi a pelo, ma prima di addormentarsi si spartirono un sacchetto di caramelle e Tilly mostrò alle altre la fotografia di sua madre. Spiegò che era stata adottata e non sapeva nulla delle proprie origini, se non che la sua mamma naturale doveva avere avuto a che fare con i cavalli.

– È straordinario, – disse Cally.

– Pensi che il tuo talento per i cavalli venga da lí?

– Forse, – disse Tilly, fissando il soffitto. – Ma temo che non lo saprò mai con certezza –. Mentre chiudeva gli occhi, provò una sensazione di benessere all'idea che i suoi genitori adottivi le volevano bene, e che la sua mamma naturale aveva la sua stessa passione per i cavalli.

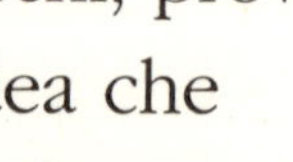

SEI

Alle sette, la sveglia suonò. Le ragazze strisciarono fuori dai sacchi a pelo e, barcollando per la stanza, si infilarono gli stivali e la giacca sopra il pigiama.

– Mi sento come se non avessi dormito affatto, – gracchiò Tilly.

– È inammissibile! Non esiste! – disse Mia, facendo il verso a Sabrina.

Prima delle sette e mezza erano giú nelle scuderie, a ripulire i box e nutrire i pony. Quasi nessuna parlava, tranne che per salutare gli animali.

– Sembrate una squadra di zombie! – disse Naomi,

l'istruttrice che seguiva l'attività. – Forza... una bella colazione vi sveglierà per bene!
Si avviarono verso la sala da pranzo e si sedettero in lunghe file. Dopo che il succo d'arancia fu distribuito, cominciò un'entusiastica conversazione su quello che avrebbero fatto durante la giornata.
– Di solito, proviamo specialità diverse a ogni lezione, – spiegò Jessica. – La mia preferita è la corsa campestre.
– A me piacciono i giochi a cavallo, – disse Mia. – Ma odio proprio il dressage. È la cosa che mi riesce peggio.
Tilly era elettrizzata all'idea di svolgere tutte quelle attività ma, come Mia, la preoccupava il dressage. Sembrava sempre complicatissimo.
– Io invece adoro il dressage, – disse Sabrina, con orgoglio. – E sono anche molto brava.
Le altre alzarono gli occhi al cielo.

Le fette di pane tostato e imburrato sparivano dalla tavola con la stessa rapidità con cui arrivavano. Tutti erano affamati dopo la levataccia di quella mattina. Alcuni mangiavano salsicce, uova e pancetta, ma Tilly optò per la sua solita scelta: latte e muesli con una banana tagliata a fettine.

Dopo la colazione, tornarono subito in camera a cambiarsi, poi scesero di nuovo nelle scuderie per strigliare e sellare i cavalli.

– Attenzione, – disse Cally, che stava strigliando Caramel nel box vicino a quello di Tilly. – Striglia Rosie meglio che puoi, perché prima dell'inizio delle lezioni c'è un'ispezione dei finimenti e della pulizia del cavallo. Dobbiamo ottenere punti per la nostra squadra.

Tilly fece tutto con la massima cura, ma per quanto le pettinasse, la folta criniera e la coda di Rosie apparivano sempre un po' scarmigliate.

– Be', sei bella lo stesso, – sospirò.

Le lezioni cominciarono alle dieci. Le ragazze condussero i pony nel maneggio e attesero che Naomi ordinasse loro di montare in sella. Fino a quel momento, Tilly non si era sentita nervosa, ma ora, guardando Jessica, Eleanor e Sabrina

in piedi, sicure di sé, vicino ai loro cavalli, le si strinse lo stomaco. Sapeva di essere la meno esperta del gruppo, e sperava di non commettere troppi errori.

Una volta in sella, Naomi le osservò mentre facevano trottare i pony intorno al maneggio, dispensando consigli e suggerimenti per aiutarle a migliorare l'equilibrio e la postura.

– Sposta indietro le gambe, Cally. Ricorda che una linea immaginaria deve unire le spalle, i fianchi e i talloni. Testa alta, sguardo dritto avanti. Bene!

Ma il pony di Eleanor, Curby, si rifiutava di ubbidire. Era tutto eccitato da quella lezione di gruppo e si muoveva a balzi.

– Sembra che stia ballando il valzer! – rise Mia.

– Vuole solo mettersi in mostra, – disse Eleanor. – Forse trova che la lezione sia noiosa!

Mentre cavalcava, Tilly cercava di mettere in pratica tutto quello che le aveva insegnato Angela. Rilassò i muscoli delle braccia e tenne le spalle indietro. Si concentrò sull'equilibrio e cercò di visualizzare una linea continua orizzontale dal suo gomito fino al morso nella bocca di Rosie. La pony era molto reattiva ai comandi.

– Postura perfetta, Tilly, – disse Naomi.
– Ho sentito che non cavalchi da tanto.
– No, questo è il mio primo campo estivo con il Pony Club.
– Be', evidentemente hai lavorato sodo e hai ascoltato bene il tuo istruttore. Sembri molto sicura per avere cominciato da poco.
Tilly sorrise, raggiante. Angela sarebbe stata cosí orgogliosa, non vedeva l'ora di raccontarglielo. Pensando a lei, Tilly si domandò come andassero le cose a Silver Shoe. Immaginò Lucky che seguiva Belle per il pascolo, godendosi il sole. Forse stava imparando a trottare. Chissà se Angela aveva già deciso di cominciare ad addestrarla alla longhina? A Tilly non piaceva l'idea di perdersi qualcosa di importante. Approfittò di un momento in cui nessuno la stava guardando per mandare un rapido SMS a Duncan:

EHI! COME VA? HAI MONTATO MAGIC?
COME STA LUCKY? T.

Duncan rispose immediatamente, con gran sollievo di Tilly che non voleva essere sorpresa a trasgredire il divieto del cellulare, anche se per un importante aggiornamento da Silver Shoe.

TUTTO OK. MANCHI MOLTO A MAGIC.
LUCKY HA ANNUSATO IL LETAME!
È CURIOSA DI TUTTO.
CHE BUFFA! DIVERTITI! DUNCAN

Era bello sapere che non era successo nulla di importante in sua assenza, anche se l'episodio del letame doveva essere stato divertente. Quanto al fatto di mancare a Magic, be', lo sapeva, perché anche lui le mancava moltissimo.

SETTE

A mezzogiorno, le ragazze pranzarono con hot-dog e insalata, poi aiutarono a lavare i piatti. Ben presto arrivò l'ora della seconda lezione della giornata.

– Buone notizie, ragazze, – annunciò Naomi. – Questo pomeriggio faremo un po' di pratica nella corsa campestre. Non dimenticate di indossare il casco e le protezioni.

– Urrà! – esclamarono le ragazze.

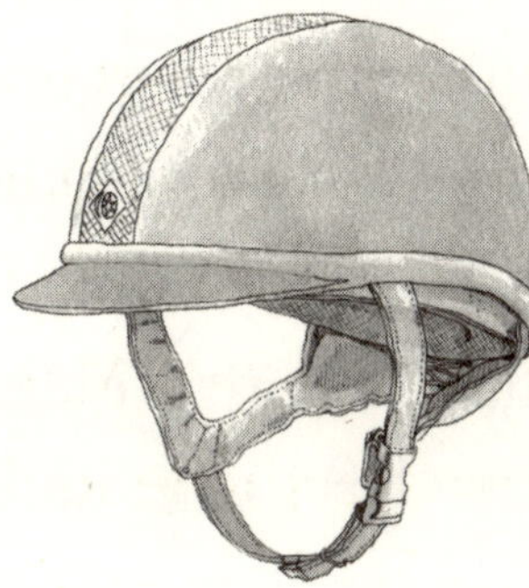

– Forse adesso Curby farà il bravo, – disse Eleanor. – La corsa campestre è la sua specialità.

Condussero i pony verso la pista, situata nello splendido parco di Barton House.
– Se non ve la sentite di fare qualcosa, non siete obbligate, – spiegò Naomi.
– Ma è importante che vi incoraggiate a vicenda. Il successo nella corsa campestre è soprattutto una questione di fiducia. Prima di cominciare, voglio che regoliate le cinghie delle staffe due buchi piú in su rispetto alla normale lunghezza da salto a ostacoli.
– Uff, io odio montare con le staffe corte, – brontolò Sabrina.
– Questo vi faciliterà nel mantenere l'equilibrio, – spiegò Naomi, ignorandola.
– Tra un salto e l'altro, voglio che vi alziate in piedi sulle staffe, come avrete visto fare ai fantini, ma quattro o cinque falcate prima dell'ostacolo dovrete risedervi sulla sella. Nella corsa campestre è essenziale non sbilanciarsi troppo

in avanti, perché se il vostro pony si ferma, colpisce uno steccato o inciampa nell'atterrare, è piú che probabile che finiate a terra.

La pista era disseminata di ogni sorta di ostacoli; il Pony Club aveva sfruttato al massimo le risorse naturali del parco. I gradini erano stati trasformati in terrapieni; c'erano tronchi, siepi, piccoli ostacoli a V e fossati.

– Oggi affronteremo solo tre o quattro ostacoli alla volta, – disse Naomi. – Ci osserveremo a vicenda e impareremo dai nostri errori.

Mia fu la prima a partire in groppa a Sweetie, il pony che aveva preso in prestito dal club.

Saltò senza difficoltà un paio di tronchi e una siepe, poi superò un piccolo gradino che portava a un terrapieno.

– Che forte! – gridò mentre tornava dalle altre.

Le ragazze la accolsero con un applauso, soprattutto Tilly. Non l'aveva mai vista saltare cosí bene.

– Vuoi provare tu adesso? – le chiese Naomi, con un sorriso.

– Ehm... sí... uhm... – Tilly esitò. Desiderava provare, ma non si sentiva sicura. Prima di allora non aveva mai affrontato un ostacolo fisso: aveva saltato solo ostacoli che potevano essere buttati giú.

– Forza, Tilly! – la incoraggiò Jessica.

– Un passo alla volta.

– Okay. Ci provo.

– Brava, – disse Naomi. – Ricorda che, come nel normale salto a ostacoli, il segreto è mantenere il ritmo.

Naomi si posizionò accanto al primo piccolo tronco e disse:

– Cosí, Tilly. Alzati sulle staffe e spronala con le gambe.

Tilly si avvicinò nervosamente al primo ostacolo, concentratissima.

Quando arrivò a cinque falcate dal tronco, sentí Naomi che le ricordava di sedere in sella e tenere le spalle indietro.

– Molto bene, Tilly. Cerca di non stringere

troppo le ginocchia... rende meno salda la stretta dei polpacci.

Seguendo il consiglio di Naomi, al secondo ostacolo Tilly mosse appena le gambe e Rosie volò oltre la siepe.

Quando poi arrivarono al terrapieno, Rosie seppe esattamente cosa fare: ci salí con un agile balzo, si guardò rapidamente intorno, poi ridiscese. Tilly sentí le altre che applaudivano dal bordo della pista.

– Cavolo, è andata bene, – disse, sorpresa. – E adesso?

– Per il momento riposati... ora tocca alle altre, – disse Naomi.

Una dopo l'altra, le ragazze superarono i vari ostacoli. Alcuni erano piú difficili di altri, ma nulla sembrava intimidire Tilly e Rosie.

Tutto andò liscio finché non arrivarono all'ultimo ostacolo, il fossato. Tilly spronò troppo Rosie nella fase di avvicinamento,

senza darle il tempo di capire cosa avrebbe dovuto saltare.
Vedendo l'acqua all'ultimo momento, Rosie si spaventò e si arrestò di colpo.
Tilly perse l'equilibrio e fu sbalzata di sella, piombando nell'acqua fangosa!
Le ragazze si spaventarono, ma quando la videro ridere capirono che non si era fatta male.
Rosie aspettava pazientemente accanto all'ostacolo, domandandosi che fine avesse fatto la sua cavallerizza.

– Una bagnata, cinque ancora all'asciutto, – disse Naomi, sorridendo alle altre.
– Non ti preoccupare, Tilly. L'acqua e i fossati sono spesso

insidiosi. Con un po' di pratica andrà tutto bene.
Tilly risalí in sella e si avvicinò di nuovo al fossato, questa volta piú lentamente ed esercitando una pressione maggiore con le gambe. Ricordò di sedere un po' piú indietro, in quella che Naomi aveva definito la «posizione di sicurezza», e questa volta, con sua immensa soddisfazione, Rosie la ricompensò, superando il fossato senza difficoltà.
Nel corso del pomeriggio, Tilly non fu l'unica a cadere di sella. Le ragazze acquistarono sicurezza sulla pista, ma tutte finirono con il sedere a terra... perfino Sabrina, che cascò nel fossato fangoso e, con sua grande rabbia, si sporcò i pantaloni nuovi.
– Ho un'idea, – disse Mia. – Ogni caduta equivale a una secchiata d'acqua fredda in testa! Ho sentito quelli piú grandi

parlare di una battaglia di gavettoni, piú tardi.

– Nessuno getterà dell'acqua fredda addosso a me, – protestò Sabrina.

– Allora faresti meglio a stare attenta a non cadere di nuovo, – ridacchiò Mia.

Stanche ma contente, le ragazze tornarono alle scuderie.

– Oh, no! – gemette Jessica. – Ora ci tocca pulire i finimenti!

Tilly non avrebbe desiderato altro che buttarsi sul divano e giocare a *Pony Ranch*. Il pensiero di dover pulire tutti i finimenti non era affatto allettante, soprattutto visto che era bagnata e sporca di fango, ma quando vide gli altri che se ne stavano seduti a grattare e lucidare chiacchierando delle avventure della giornata, entrò nello spirito del gruppo.

– Ho il sedere pieno di lividi, – disse Cally mentre tornavano in casa.

– Anch'io, – rispose un coro di voci dietro di lei.

– Secchiate per tutti, allora! – disse Mia, ammiccando.

Si ristorarono con una merenda a base di tè e frittelle fatte in casa, e ben presto in sala da pranzo si diffuse la voce che nel parco la battaglia di gavettoni stava per cominciare. Il sole era ancora alto, perciò le ragazze si precipitarono fuori in maglietta e pantaloncini corti, armate di bicchieri di plastica.

Non appena Tilly uscí dalla porta, una spruzzata d'acqua gelida la bagnò da capo a piedi. Strillò e scoppiò a ridere.

– Ci servono delle spugne! – gridò una voce.

– ATTENZIONE! – urlò qualcun altro, mentre un secchio d'acqua si rovesciava addosso a Mia e Cally.

– Ehi! Questa te la facciamo pagare, – minacciarono le due ragazze, ma quando videro che la secchiata era venuta da Brook, arrossirono e si misero a ridacchiare.

In brevissimo tempo, erano tutti bagnati fradici. L'unica che non partecipava alla battaglia era Sabrina, che guardava dalla finestra.

– Dài, Sabby, – la incoraggiò Brook, picchiando sul vetro.

– Non penserai di restare tutto il tempo nascosta là dentro!

Sabrina scosse la testa e mormorò qualcosa sulle sue *extension*, ma prima che potesse protestare, alcuni ragazzi piú grandi entrarono, la sollevarono di peso e la portarono fuori.

– Mettetemi giú! Mettetemi giú! – strillò lei, ma dal tono della sua voce Tilly intuí che non le dispiaceva poi cosí tanto.

– Vuoi davvero che ti mettiamo giú? – chiese uno dei ragazzi.

– Sí! – squittí Sabrina.

– Sicura? – ripeté lui.

– Sí!

– Okay... l'hai voluto tu!

Al che, la portarono attraverso il prato fino alla piscina e, in mezzo agli applausi, la buttarono dentro. SPLASH!

Sabrina emerse in superficie, gridando a squarciagola. Qualche secondo dopo fu raggiunta da quasi tutti gli altri, che si tuffarono in piscina completamente vestiti.

– È cosí divertente, – gorgogliò Tilly con la bocca piena d'acqua.

Il campo estivo del Pony Club si stava già dimostrando la piú bella vacanza della sua vita!

Gli unici a non essere tanto entusiasti erano gli organizzatori, Bob e Margaret, che rispedirono tutti dentro ad asciugarsi e cambiarsi per la cena.

– Ma insomma, – brontolò Bob.

– Succede ogni anno.

Ma non impareranno mai?

OTTO

Ogni mattina, per il resto della settimana, la sveglia suonò alle sette. Le ragazze scendevano nelle scuderie in pigiama, davano da mangiare ai pony e ripulivano i box. Poi si cambiavano e all'ora di colazione erano fresche e pimpanti, e non vedevano l'ora di buttarsi sulle gustose pietanze. Perfino Tilly interruppe l'abitudine di una vita e mangiò uova e pancetta invece del latte con il muesli.

Mercoledí mattina, Naomi comunicò al gruppo che avrebbero lavorato sulla prova di dressage del Pony Club.

– Oh, dobbiamo proprio? – brontolò Mia.

– Io non vedo l'ora. Adoro il dressage, –

disse Sabrina in tono compiaciuto. – Il mio pony fa tutto quello che gli chiedo, e faccio parte di una selezione di nuovi talenti.

Tilly non sapeva cosa pensare. Aveva fatto un po' di dressage di base con Angela, ma non si sentiva affatto sicura, anche se aveva guardato in tivú un sacco di competizioni.

– La parola *dressage*, – spiegò Naomi, mentre le ragazze si radunavano nel maneggio interno con i loro pony, – è francese e letteralmente significa «addestramento». I cavalieri eseguono una serie di movimenti allo scopo di dimostrare la naturale capacità atletica dei loro cavalli. In sostanza, si tratta

di dimostrare ai giudici che siete in grado di far fare al vostro pony quello che volete, e quando volete. Bene, qualcuno sa dirmi cosa significano le lettere intorno al maneggio?

Tilly guardò le lettere dipinte sulle pareti dell'edificio. Contenta e anche un po' sollevata di conoscere già la risposta alzò la mano. Naomi le fece cenno di parlare.

– Indicano il punto dove devono essere eseguiti i vari movimenti.

– Esatto. Ora faremo un po' di pratica, poi ognuna di voi proverà a eseguire la serie di esercizi che compongono il test.

A quell'idea, un brivido di eccitazione si diffuse tra le ragazze, che montarono in sella, pronte a ricevere le prime istruzioni. Eseguirono una serie di serpentine da un angolo all'altro del maneggio, poi si allenarono a cambiare andatura e a far voltare i pony.

Sabrina, Jessica ed Eleanor, che erano piú esperte, lavoravano in una metà del maneggio, mentre Naomi dedicava un po' di tempo a Tilly, Mia e Cally, mostrando loro come passare in modo elegante da un'andatura all'altra e come fermarsi e salutare.

– Tutti i comandi devono venire dalle gambe e dalla sella, – spiegò Naomi. – Ma devono essere impercettibili: gli spettatori non dovrebbero accorgersi di quando vengono impartiti.

Tilly spronò Rosie con le gambe, ma la pony non faceva che strascicare gli zoccoli a terra. Evidentemente, non era in vena di ubbidire.

– È come se avesse le zampe intrappolate nelle sabbie mobili! – gemette Tilly. – Oggi non farà niente di quel che le chiedo.

Dopo aver lottato per venti minuti, Tilly si arrese.

– È inutile, – disse. – È ovvio che sono una frana nel dressage.

– Mmm... ho un'idea, – disse Naomi. – Credo che sia il momento di fare qualche scambio.

Naomi ordinò alle ragazze di scambiarsi

i pony per un po'.

Sabrina montò Rosie, Tilly prese Caramel e Cally montò il pony di Sabrina, Angel.

In un primo momento, il corpo massiccio di Caramel sembrò strano a Tilly, poiché era piú grande e piú atletico di Rosie, ma ben presto la ragazza trovò la postura giusta.

Caramel era molto docile, e questa volta Tilly riuscí a farsi ubbidire. Mentre si allenava a trottare e a fermarsi, si domandò come sarebbe stato montare un cavallo da competizione; poi le venne in mente Magic Spirit, e tutto a un tratto provò una forte nostalgia. Chissà cosa stava facendo? E chissà se lei gli mancava ancora?

– Non distrarti, Tilly. Stai andando molto

bene, ma non perdere la concentrazione. Se lo fai davanti ai giudici, il cavallo sfuggirà al tuo controllo e perderai punti! Dopo una breve merenda a base di spremuta d'arancia e biscotti, le ragazze eseguirono a turno la serie di esercizi che Naomi aveva stabilito per loro. Montarono di nuovo in sella e, mentre Tilly attendeva

il suo turno, temeva che Rosie facesse una gran confusione.

– Assegnerò un voto in decimi a ciascun movimento, – disse Naomi, stringendo al petto una cartellina. – Ci sarà un punteggio anche per l'andatura, il ritmo, l'eleganza e la precisione, la posizione in sella e l'uso corretto dei comandi.

Tilly osservò Sabrina e il suo pony, Angel, completare il test. Era sbalordita da come facessero sembrare tutto facilissimo.

Per quanto a volte Sabrina fosse noiosa e arrogante, era davvero molto brava. Concluse la prova con un arresto perfetto, e tutte applaudirono.

Anche Mia e Cally andarono molto bene, e con sua immensa soddisfazione, Mia ricevette un bell'otto per il passo libero a briglia lunga.

– A dire il vero, mi è sempre piaciuto

il dressage, – disse sorridendo dopo aver saputo i risultati.
L'esercizio di Tilly consisteva nell'entrare nel maneggio al trotto e continuare lungo la linea centrale senza fermarsi. Quindi doveva girare a sinistra, procedere al passo da due a cinque falcate, poi riprendere il trotto. Con sua grande sorpresa, Rosie fu molto piú ubbidiente di prima. Mentre trottavano, Tilly la incoraggiava:
– Brava, bella, continua cosí!
Poi, Tilly doveva cambiare andatura sulla diagonale, manovra che le causò un po' di confusione, ma riuscí comunque a organizzarsi in tempo per il galoppo. Concluse la prova con una fermata e un saluto e, naturalmente, un sorriso orgoglioso.
– Brava, Tilly! Per essere il tuo primo test, è andato piuttosto bene. Ed eri molto ben

bilanciata ed eretta nella fermata. Complimenti!

Mentre tornavano nell'edificio principale per il pranzo, Tilly affiancò Sabrina.
– Grazie di avere rimesso in sesto Rosie, – disse. – Non so cos'hai fatto, ma senza dubbio dopo si è comportata meglio.

– Oh, non ho fatto niente di speciale, – rispose Sabrina. – Sono abituata a montare pony diversi. Fa parte del programma di Cavendish Hall. Dicono che, se ci abituiamo ad animali diversi, miglioreremo le nostre capacità. Nelle moderne competizioni di pentathlon, i cavalieri non sanno che cavallo monteranno fino a un'ora prima della gara!

– Cavolo! Dev'essere difficile.

– Dopo un po' ci si abitua.

– Vuoi diventare una competitrice professionista di dressage?

– Voglio entrare nella squadra olimpica di dressage per le Olimpiadi del 2012. E tu?

– Penso che mi piacerebbe specializzarmi nel concorso completo e un giorno portare il mio cavallo preferito, Magic Spirit, alle Olimpiadi. Ma il mio sogno è gestire una scuderia tutta mia, – disse Tilly, domandandosi se si sarebbe mai avverato.

NOVE

Il giovedí fu una giornata di svago. Al mattino ci fu una gimcana, nel pomeriggio giochi a cavallo. Tutti parteciparono e si divertirono un mondo.

– Queste attività potranno sembrarvi banali, – spiegarono gli organizzatori, Bob e Margaret, prima dell'inizio dei giochi, – ma sono un'eccellente forma di allenamento. Servono una buona coordinazione occhio-mano, una forte determinazione e un'ottima capacità di lavorare in squadra.

Tilly era contenta di partecipare a una vera gimcana. Aveva giocato centinaia di volte a *Saddle Club Gymkhana* sul suo PC. La sua preferita era una gara di cavalieri che devono infilare con le lance dei pioli conficcati nel terreno e la lunga pratica al computer si dimostrò utile, poiché quando arrivò il suo turno riuscí a raccogliere tutti gli anelli con la lancia. Anche Rosie si divertí, e ben presto Tilly si rese conto che era molto piú portata per le gimcane che per il dressage! Mentre se ne stava appoggiata alla staccionata guardando gli altri, le si avvicinò Brook con Solo.

– Ehi, Tilly. Ti ho vista gareggiare. Complimenti per aver centrato tutti gli anelli. Sai, ti guardavo e, be', sul serio, mi ricordi qualcuno. Però non riesco a capire chi... Allora, ti è piaciuto il campo estivo finora?

– È stato fantastico! – disse Tilly. – Vorrei che durasse un'altra settimana.

– Be', non è ancora finito. Domani è il giorno delle gare. Dovremo far belli

i nostri cavalli e partecipare a un mini-completo: dressage, salto a ostacoli e corsa campestre.
– Quella che preferisco è la corsa campestre, – disse Tilly.
– Anch'io, – disse Brook.

Quella sera, Tilly non riusciva ad addormentarsi perché continuava a pensare alla gara di completo del giorno dopo. Malgrado fosse esausta per le levatacce e i mille impegni di quelle giornate, continuava a chiedersi se ce l'avrebbe fatta a saltare il fossato.
Alla fine, gli occhi le si chiusero e fece un sogno. Quando si svegliò, il mattino seguente, lo ricordava chiaramente: la sua mamma naturale era con Brook e Solo al bordo della pista da corsa campestre

e la osservava saltare il temuto fossato in groppa a Magic Spirit. Era strano, ma bello.

In ogni caso, non ebbe il tempo di pensarci: avevano messo la sveglia piú presto del solito per essere le prime a scendere in cortile e preparare i pony prima di colazione.

– Le mie trecce sono un disastro! – disse Mia con gli occhi annebbiati dal sonno, armeggiando con la criniera di Sweety.

– Devi separare di piú le ciocche, – spiegò Tilly. – Guarda, ti mostro come si fa.

Tilly fece delle trecce perfette.

– Eh, ci vuole pratica, – disse poi, guardando le proprie lunghe trecce scure.

Dopo colazione, le ragazze indossarono

i loro completi piú eleganti e scesero nelle scuderie, pronte per l'ispezione finale. Si schierarono in piedi vicino ai pony, in attesa dei commenti di Bob e Margaret.

– Che belle trecce! – osservò Margaret quando arrivò a Sweetie. – Il massimo dei voti per Mia e il suo pony.

Tilly e Mia si fecero l'occhiolino.

Tilly ricevette una lode per la tenuta e la pulizia dei finimenti, ma la coda ispida di Rosie abbassò il voto complessivo.

– Ho fatto del mio meglio, – sospirò Tilly. – Non è una pony molto elegante... ma è bravissima nelle gimcane! – Sorrise e diede a Rosie una pacca sulla spalla.

Tilly osservò gli altri pony allineati. Alcuni avevano la criniera ornata da nastri variopinti e le loro proprietarie sfoggiavano tenute elegantissime: attillate giacche da cavallerizza, camicie

e cravatte, guanti, retine per capelli e stivali che sembravano quasi nuovi. Brook era in fondo alla fila, con il gruppo dei senior. Era tutto serio, come se stesse per partecipare a una gara importante.

– Grazie a tutti, – disse Margaret quando ebbero finito di assegnare i punteggi. – Annunceremo i vincitori stasera, alla cerimonia di premiazione. Buona fortuna per il concorso completo! Quest'anno abbiamo allievi di livello molto alto,

quindi sono sicura che sarà una bella gara.

Dopodiché, i ragazzi si divisero in gruppi e cominciarono a condurre i pony fuori dalla scuderia.

– Secondo voi chi vincerà? – chiese Mia mentre si dirigevano verso il maneggio.

– Secondo me, Sabrina tra i junior e Brook tra i senior, – disse Jessica.

Tutte si trovarono d'accordo con lei.

Sabrina sorrise, al settimo cielo.

– Grazie, ragazze, – disse. – Non pensavo di starvi molto simpatica.

– Sí che ci stai simpatica, Sabrina, – disse Mia. – Solo che a volte sei un po'... schizzinosa, tutto qua.

– Sei la nostra speranza numero uno, – disse Cally. – Terremo le dita incrociate per te.

– Ehi, – sussurrò Tilly, dando di gomito

a Sabrina, – mi potresti dare qualche consiglio per superare quel fossato?
– Lascia fare a Rosie. Non spronarla troppo, e andrà tutto bene.

I primi a gareggiare furono i junior. Come previsto, Sabrina fece un'impeccabile gara di dressage. Anche la corsa campestre le andò bene, ma fece cadere un palo nella corsa a ostacoli.
– Sarà una vittoria di stretta misura, – sussurrò Eleanor dal bordo della pista.
– Una delle ragazze dell'altro gruppo non ha commesso neanche un errore finora.
– Nessuno batte Sabrina nel dressage...
Sabrina le raggiunse, accigliata. Era chiaramente arrabbiata con se stessa.
– Non posso credere di aver buttato giú quell'ostacolo! Adesso ho rovinato tutto!

– Non hai rovinato niente, – disse Tilly. – Sei stata fantastica.

Dopo qualche istante, Tilly sentí chiamare il suo nome per la corsa campestre e lo stomaco le si strinse. Andò a prendere Rosie e si avviò verso la pista. Anche se sapeva che non avrebbe vinto la gara, era pur sempre un'occasione per impegnarsi al massimo e dimostrare a tutti quanti progressi aveva fatto. E se avesse fatto sempre del suo meglio, forse un giorno sarebbe riuscita a vincere.

– In bocca al lupo, Tilly! – gridò una voce dall'altra parte della pista. Tilly si girò e vide Brook

che la salutava dalla staccionata. Era proprio come nel sogno, solo che sua madre non c'era. Tilly pensò alla sua foto e toccò i bracciali di crini di cavallo. All'improvviso, fu come se lei fosse stata lí con lo spirito. Smise di sentirsi nervosa e, di colpo, seppe cosa doveva fare.
Con calma, montò in sella, sussurrò a Rosie qualche parola di incoraggiamento e si avvicinò al box di partenza. Mentre scattava, si sentí piú sicura che mai.
Spronò Rosie al galoppo e saltò con facilità un ostacolo dopo l'altro. Finché non restò che l'ultimo, il fossato.
Quando giunsero in vista dell'acqua, a Tilly parve di sentire le parole di Sabrina. *Lascia fare a Rosie. Non spronarla troppo.* Cercò di rilassarsi, ma in qualche modo lo sforzo la rese ancora piú tesa. Ormai mancavano poche falcate: doveva solo arrivare alla distanza giusta e saltare. Ma

la tensione era troppa. Come se avesse percepito la sua preoccupazione, Rosie schivò il fossato e sfrecciò nella direzione opposta.

Tilly ebbe un tuffo al cuore per la delusione.

– Riprovaci! – urlò Brook.

– Su, forza! – gridò un coro di voci.

Tilly e Rosie fecero una volta a cerchio, poi puntarono di nuovo verso l'ostacolo.

Questa volta, Tilly cercò di non tentare di rilassarsi, ma si concentrò sull'immagine delle sue due mamme, pensando a come sarebbero state orgogliose se avessero potuto vederla in quel momento. Si rese conto che non vedeva l'ora di riabbracciare la sua famiglia e raccontare loro tutto della settimana; e di rivedere Magic Spirit, Lucky, Angela e Duncan.

Senza quasi accorgersene, Tilly

si ritrovò a volare oltre il fossato,
e poi fino al traguardo.
Tutti applaudirono, soprattutto Sabrina.
Era una sensazione meravigliosa.

La giornata si concluse con una grigliata seguita da una torta alle fragole, che a detta di tutti era la piú deliziosa del mondo. Poi arrivò il momento della premiazione. Bob e Margaret avevano molte coccarde da consegnare.

Mia vinse il premio per la strigliatura migliore, mentre Eleanor arrivò seconda. Cally fu proclamata la migliore nei giochi di squadra e Jessica arrivò seconda nel salto a ostacoli per la categoria junior.

– Bene... è arrivato il momento di annunciare i vincitori assoluti delle due categorie, – disse Bob.

Tilly e le ragazze si strinsero intorno a Sabrina e restarono perfettamente in silenzio, in attesa del risultato.

– La vincitrice della categoria junior, con centocinquantotto punti, è...

Mia si coprí la bocca con la mano.

– Sabrina Belfonte!

Le ragazze cominciarono a saltellare, strillando euforiche.

– Lo sapevo! – disse Eleanor.

Sabrina andò a ritirare il suo trofeo e le chiesero di restare sul palco mentre annunciavano il campione della categoria senior.

– E il vincitore è... Brook Ashton-Smith! Tutti applaudirono di nuovo. Mentre Brook si faceva largo tra la folla, i membri della sua squadra gli diedero delle affettuose pacche sulle spalle.

– Se lo merita assolutamente, – disse Jessica. – Ha un grande talento.

– E ora, – disse Bob, – abbiamo un premio speciale per il giovane cavaliere che ha fatto piú progressi. Per tutta la settimana vi abbiamo osservati, sia il gruppo dei junior che quello dei senior. Il premio va all'allievo che si è distinto per impegno, determinazione e atteggiamento positivo.

– Secondo te chi sarà? – sussurrò Mia.

– Non ne ho idea, – rispose Tilly

con un'alzata di spalle. – Credevo avessero già assegnato tutti i premi.
– Si tratta di una persona, – aggiunse Margaret, – che ha dimostrato grandi potenzialità, cosa che ricerchiamo sempre qui al Pony Club. Il premio speciale va a... Tilly Redbrow!
Tilly restò senza fiato. Per un attimo non riuscí a muoversi, poi sentí le mani delle sue amiche che la spingevano avanti. Salí sul palco inciampando e prese la scintillante coppa d'argento che le offrivano Bob e Margaret.
– Congratulazioni! – dissero stringendole la mano.
Brook e Sabrina le fecero i complimenti, poi i tre vincitori si misero in posa per una foto insieme. Tra i flash e gli applausi, Tilly si sentí una vera campionessa. Fu la perfetta conclusione di una vacanza perfetta.

DIECI

Il mattino seguente le ragazze fecero fatica ad alzarsi, ma non c'era tempo da perdere perché tutto doveva essere pronto e impacchettato entro mezzogiorno.

– Oggi sono piú distrutta che mai, – gemette Mia sbadigliando, con i capelli tutti arruffati.

– È perché partiamo, e nessuna di noi vuole andarsene, – disse Jessica.

– Quando ci alzeremo dal letto e scenderemo nelle scuderie, sarà l'inizio della fine!

– Be', secondo me siete stanche perché siete rimaste sveglie fino a tardissimo a ridere e mangiare gelatine alla fragola, –

brontolò Sabrina. – Personalmente, io sono contenta di tornare a casa... almeno avrò un vero cuscino e nessuno che mi tenga sveglia tutta la notte!
– Smettiamola, okay? – disse Tilly.
– Almeno ci aspetta un'ultima deliziosa colazione!
Tilly era triste all'idea che il campo estivo fosse finito. Le era piaciuto un sacco e aveva imparato tantissime cose, ma i suoi pensieri tornarono velocemente a Silver

Shoe Farm. Magic la stava aspettando, e non vedeva l'ora di raccontargli ogni particolare della vacanza. E poi naturalmente avrebbe rivisto Lucky. Si domandò se nel frattempo era cresciuta. Chissà se trottava di piú? E se galoppava già dietro alla mamma? Tutto a un tratto, l'idea di vedere Lucky che giocava nel recinto e di parlare con Magic la fece sentire molto meno triste alla prospettiva di tornare a casa.

Tilly si trascinò verso le scuderie. Il cielo era grigio e cominciava a piovere: si sentiva nell'aria che era arrivata la fine della vacanza.
Portò da mangiare a Rosie e ripulí il suo box per l'ultima volta. Le diede anche alcune mentine. Se le meritava,

dopo che l'aveva aiutata a vincere il suo primo premio al Pony Club.
– Sei stata fantastica ieri, – disse, accarezzandole la criniera. – Forse non sei la pony piú atletica del mondo, ma sei sicuramente la piú dolce e carina!
Tilly la baciò in fronte, impacchettò la sua attrezzatura, e raggiunse la sala da pranzo.
– Non posso credere che sia finita, – disse Jessica mangiando il toast. – Che tristezza!

– Mi mancherete cosí tanto, – disse Cally.
– Dobbiamo rivederci alla prossima manifestazione del Pony Club, – disse Eleanor. – E poi, possiamo andare a vedere Sabrina quando farà i concorsi di dressage.
– Buona idea.
La proposta tirò su il morale a tutte.
Si ripromisero di tenersi in contatto, e magari di incontrarsi per fare qualche passeggiata a cavallo: le ragazze di Cavendish Hall dissero che vicino alla loro scuola c'erano delle bellissime piste.
Quindi arrivò il momento di fare le valigie e caricare i cavalli sui rimorchi.
Alle undici e mezza, tutto era pronto.
Gli allievi si radunarono in cortile e salutarono gli istruttori.
– Grazie di tutto, Naomi, – disse Tilly.
– Mi hai dato degli ottimi insegnamenti.
– È stato un piacere. Continua ad andare

a cavallo, Tilly. E congratulazioni per il premio... te lo sei meritato. Ci vediamo il prossimo anno?

– Senz'altro!

– Tutti a bordo! – gridò il conducente del pullman. – È ora di andare!

Lentamente, Tilly si girò e salí sulla corriera. Aveva le gambe talmente appesantite dalla stanchezza che faceva fatica a sollevarle. Forse Sabrina aveva ragione, pensò. Si era goduta ogni minuto del campo estivo, ma in quel momento, un letto comodo e una mattina passata a poltrire erano molto allettanti.

Mentre si sistemavano nelle ultime due file del pullman, le ragazze decisero

che avrebbero cantato per tutto il tragitto. Fecero una lista dei successi dei loro cantanti preferiti e si offrirono perfino di cantare a richiesta, facendo il giro del pullman per raccogliere le preferenze dei compagni. Ma quando il motore si accese e il pullman si allontanò da Barton House, dalle due file posteriori non si alzò un suono. Le ragazze dormivano della grossa, perse nei loro sogni. E naturalmente, Tilly sognava Magic Spirit.

I CONSIGLI DI PIPPA FUNNELL

Nei cavalli, il parto avviene di solito tra le dieci di sera e le quattro del mattino. Non c'è bisogno di intervenire, ma è opportuno che un veterinario sia reperibile nel caso la cavalla si trovi in difficoltà.

È normale che si verifichi un sanguinamento dopo la rottura del cordone ombelicale. Per prevenire le infezioni, occorre applicare della tintura di iodio sulla pancia del cucciolo.

In genere, la placenta viene espulsa entro tre ore dal parto. È necessario conservarla, cosí il veterinario può esaminarla e controllare che tutto sia normale.

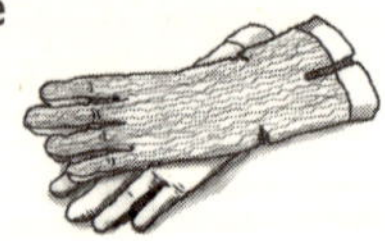

L'attività fisica è fondamentale per lo sviluppo di un puledro, quindi bisogna cercare di fare in modo che il piccolo trascorra piú tempo possibile all'aperto. Questo gli permetterà anche di familiarizzare con gli altri cavalli.

I campi estivi organizzati dai Pony Club sono ideali per fare progressi: si osservano gli altri cavalieri, si apprendono nuove tecniche e si impara dagli errori degli altri.

Nella corsa campestre è importante non sbilanciarsi troppo in avanti, perché se il pony si ferma, colpisce un ostacolo o inciampa nell'atterrare dopo un salto, è facile essere sbalzati a terra!

Saltare fossati e corsi d'acqua è spesso difficile. Avvicinati lentamente, stringi le gambe e siedi nella parte posteriore della sella, in posizione di sicurezza. Non spronare troppo il pony, ma lascialo affrontare il salto a modo suo.

La parola francese *dressage* significa «addestramento». I cavalieri eseguono una serie di movimenti allo scopo di dimostrare la naturale capacità atletica del cavallo. Il punteggio viene assegnato per l'andatura, il ritmo, l'eleganza e la precisione dei movimenti, la postura del cavaliere in sella e il corretto uso dei comandi.

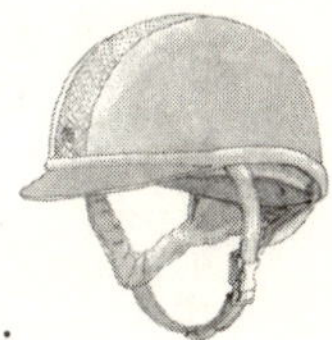

Se ne hai l'occasione, cerca di montare pony diversi. Cambiare cavallo ti aiuterà a sviluppare le tue capacità di cavallerizza.

Oltre a essere molto divertenti, le gimcane rappresentano un'ottima forma di allenamento per i giovani cavalieri. Per riuscire, servono una buona coordinazione occhio-mano, una forte determinazione e la predisposizione a lavorare in squadra.

GLOSSARIO

Badminton Horse Trials Concorso di completo di prestigio mondiale che si tiene ogni anno in aprile o maggio nel parco di Badminton House, nel Gloucestershire. Il completo prevede tre prove: dressage, cross-country e salto ostacoli.

Cavezza Finimento di cuoio o tessuto robusto utilizzato per condurre o legare un cavallo o un pony.

Colica La colica nel cavallo si manifesta con un dolore piú o meno forte all'addome; può essere molto pericolosa e addirittura portare alla morte. Se il tuo cavallo dà segni di mal di pancia, scalcia cercando di colpirsi l'addome o si butta a terra e rotola, chiama subito il veterinario.

Cross-country Disciplina equestre in cui la velocità, il coraggio, la resistenza e la capacità di salto di cavallo e cavaliere vengono messi alla prova in un percorso disseminato di ostacoli naturali come tronchi, fossati, siepi e laghetti.

Dressage Dal francese «addestramento», disciplina equestre il cui scopo è esibire la capacità atletica naturale di un cavallo. Il cavaliere deve dimostrare ai giudici di essere in grado di far fare al cavallo ciò che vuole, quando vuole, eseguendo una serie di esercizi basati sul ritmo e sull'equilibrio di entrambi.

Lavoro alla longhina L'addestratore si posiziona al centro del maneggio e, tenendo in mano un'estremità della corda (detta longhina), ordina al cavallo di girargli intorno al passo, al trotto o al galoppo.

Pentathlon Gara che comprende cinque discipline sportive: tiro a segno, nuoto, scherma, equitazione (salto ostacoli) e corsa.

Pony Club Organizzazione internazionale volontaria per giovani cavalieri e appassionati di cavalli. È stata fondata in Gran Bretagna nel 1929, dove conta circa 345 sezioni e 600 centri. Il Pony Club è stato il punto di partenza di molti fantini professionisti e campioni d'equitazione. Se vuoi saperne di piú, visita il sito www.pcuk.org.

Pulizia dei box Gli alloggi dei pony e dei cavalli devono essere puliti una o due volte al giorno. La lettiera sporca va sostituita con paglia fresca.

Purosangue Cavallo alto, snello e atletico, usato nelle corse ippiche e in altri sport equestri.

Salto ostacoli Disciplina equestre in cui cavallo e cavaliere devono superare un percorso con dodici-quattordici ostacoli mobili; per ogni ostacolo abbattuto o rifiutato vengono assegnate delle penalità.

Serpentina Figura composta da mezzi circoli uniti tra loro da una linea dritta, che spesso fa parte delle prove di dressage; i circoli possono variare di numero, ma spesso sono tre.

Strigliatura Una strigliatura regolare tiene pulito il cavallo e previene le irritazioni della pelle dovute allo sfregamento con i finimenti. Inoltre, contribuisce a instaurare un legame di fiducia tra cavallo e cavaliere.

World Horse Welfare Organizzazione benefica che opera per salvare i cavalli abbandonati o maltrattati, allontanandoli da situazioni di degrado e trovando loro una nuova casa. In Gran Bretagna, dispone di quattro scuderie aperte al pubblico che ospitano oltre duemila cavalli.

LE PARTI DEL CAVALLO

1. nuca
2. orecchio
3. occhio
4. criniera
5. pennacchio
6. garrese
7. dorso
8. reni
9. groppa
10. attaccatura della coda
11. quarti posteriori
12. coda
13. regione dei tendini flessori
14. articolazione del garretto
15. ventre
16. articolazione del gomito
17. bulbo del tallone
18. zoccolo
19. corona
20. pastorale
21. articolazione del nodello
22. stinco
23. ginocchio
24. spalla
25. barbozza
26. narice
27. muso
28. naso
29. guancia
30. ciuffo

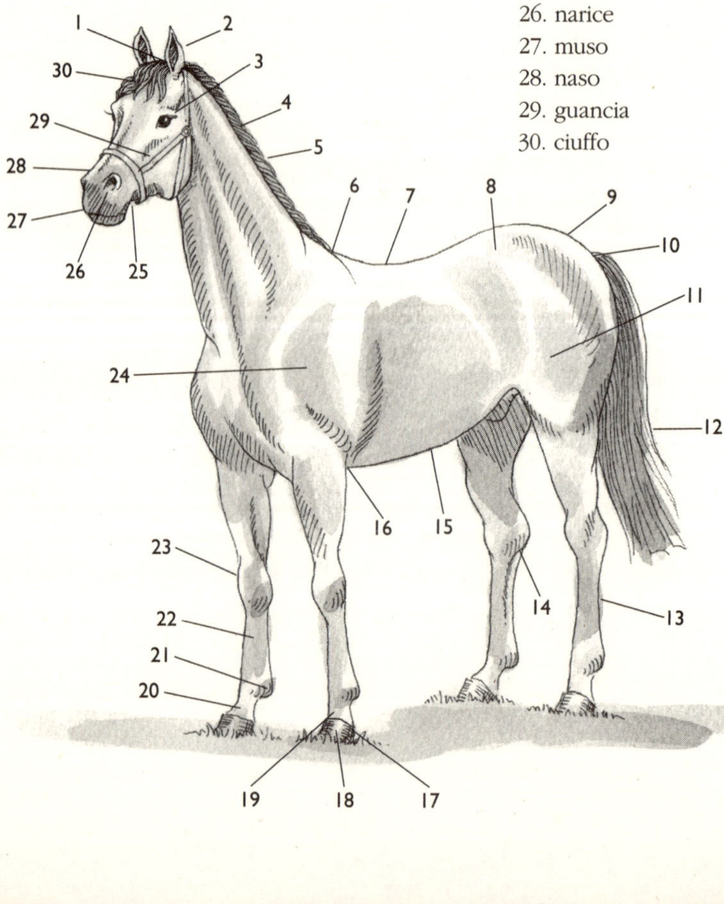

PIPPA FUNNELL

Vincere è elettrizzante per un minuto, ma poi riprendo subito a impegnarmi per raggiungere il prossimo obiettivo.

☆ Ho imparato a montare a cavallo a sei anni, in sella a un piccolo pony di nome Pepsi.

☆ A sette anni mi sono iscritta al locale Pony Club, il luogo perfetto dove imparare molte cose sui cavalli e su come prendersi cura di loro.

☆ A quattordici anni ho montato il mio primo vero cavallo, Sir Barnaby; il mio sogno di diventare un'amazzone professionista cominciava ad avverarsi.

☆ Due anni dopo mi è stata offerta l'opportunità di seguire uno stage nel Norfolk con Ruth McMullen, la leggendaria istruttrice d'equitazione. Naturalmente ho colto l'occasione al volo.

☆ Nel 1987, Sir Barnaby e io abbiamo vinto la medaglia d'oro ai Campionati Giovanili Europei, che si tenevano in Polonia.

☆ Da allora, l'impegno e la determinazione mi hanno portata a partecipare con successo alle piú importanti competizioni di completo del mondo: Bramham, Burghley, Badminton, Luhmühlen, Le Lion d'Angers, Hickstead, Blenheim, Windsor, Saumur, Pau, Kentucky... e l'elenco continua.

☆ Nel 1993 ho sposato William Funnell, un campione internazionale di salto ostacoli e allevatore di cavalli, che mi ha aiutata molto in questa specialità. Viviamo in una fattoria nella splendida campagna del Surrey con un'immensa scuderia!

☆ Il piú grande sogno di ogni sportivo è rappresentare il proprio paese alle Olimpiadi. E cosí, nel 2000, quando sono stata scelta per le Olimpiadi di Sydney, ero al settimo cielo. La nostra squadra ha vinto la medaglia d'argento.

☆ Nel 2003 sono stata la prima (e unica) persona a vincere il premio piú ambito nella disciplina del completo, il Rolex Grand Slam, che consiste in tre vittorie consecutive a Badminton, Kentucky e Burghley, ed è l'unico slam di completo al mondo.

☆ Nel 2004 sono stata nuovamente convocata per le Olimpiadi. La squadra della Gran Bretagna ha vinto un altro meritato argento, e io ho avuto la fortuna di conquistare un bronzo individuale.

☆ Dopo alcuni anni trascorsi senza grandi campioni, mi sono dedicata alla selezione e all'addestramento di puledri. E nel 2010 uno di questi giovani cavalli, il magnifico castrone sauro Redesigned, è arrivato al successo. Nel giugno dello stesso anno ho vinto con lui il mio terzo titolo al Bramham International Horse Trials, con un percorso senza penalità sotto la pioggia battente! Prima della fine dell'anno, Redesigned è stato selezionato per i Campionati Mondiali nel Kentucky, dove ci siamo piazzati quinti.

☆ Oggi, oltre a partecipare a varie competizioni, mi dedico all'addestramento di cavalli da corsa alla scuderia Billy Stud, con mio marito William e l'allevatore di fama mondiale Donal Barnwell.

☆ Tra un impegno e l'altro, mi diletto a scrivere i libri della serie *Storie di Cavalli* e faccio parte del consiglio d'amministrazione del World Horse Welfare, un'associazione benefica che opera per salvare e dare una nuova opportunità a cavalli maltrattati e abbandonati. Se vuoi saperne di piú, visita il sito internet www.worldhorsewelfare.org.

INDICE

Finito di stampare
nel mese di gennaio 2015
presso LEGO S.p.A. – Stabilimento di Lavis (Tn)